Dedicatoria:

Este manual está dedicado a todas las personas que buscan mejorar su salud financiera, ya que han tenido momentos en su vida que se preguntan cómo llegaron a esta situación financiera adversa donde se les imposibilita pagar todas sus deudas a corto y mediano plazo.

Para el final del manual el objetivo es poder hacer un análisis puntual del estado de tú situación financiera y de no ser favorable el dar pasos accionables de cómo solucionarla, y así te permitan paulatinamente salir adelante y mejorar tu calidad de vida.

Y finalmente a nuestros hijos Ana Paula y Jorge Pablo que en un futuro estas palabras les sirvan para construir su patrimonio financiero, ya que nuestro mayor regalo es dejarles un ejemplo en vida, siempre serán nuestra más grande motivación para aportar un grano de arena y dejar un mundo mejor al que encontramos.

Contenidos del Libro

Libro: Manual de Finanzas Personales para No Financieros
Autor: MNIT, MMG, Jorge Romero, PMP®; Lic. Fernanda Rivas

Acerca del Libro:

Este libro está dedicado para todas las personas que están buscando una forma simple de cómo mejorar sus finanzas personales, ya que por alguna razón han pasado por una situación complicada (i.e. enfermedad, pérdida de empleo, pandemia mundial, etc.) lo cual ha impactado su vida sustancialmente debido a no haber tenido un ahorro suficiente.

Acerca de los Autores:

Jorge Romero es egresado de Licenciatura en Ingeniería Industrial del Instituto Tecnológico de Estudios Superiores de Occidente (ITESO) con Maestría en Negocios de Innovación Tecnológica en la Universidad Panamericana (UP) y Maestría en Mercadotecnia Global del Instituto Tecnológico de Estudios Superiores de Occidente (ITESO).

Cuenta con más de 14 años de experiencia en empresas de clases mundial y cuenta con la certificación como Profesional en Administración Proyectos (PMP®) por parte del Instituto de Administración de Proyectos (PMI®) desde el 2011, y es Profesor Titular del Instituto Tecnológico de Estudios Superiores de Occidente (ITESO) para el área de Procesos Tecnológicos e Industriales (PTI) desde el 2012 donde ha publicado libros como Administración de Proyectos para Emprendedores (Tercera Edición).

Fernanda Rivas es egresada de la Licenciatura en Administración de Empresas en Área de Mercadotecnia del Instituto Tecnológico de Estudios Superiores de Occidente (ITESO) con más de 13 años de experiencia en las áreas de ventas y servicio al cliente.

Durante los últimos 8 años ha desarrollado una carrera exitosa profesional como asesora financiera y patrimonial con más de 300 clientes a nivel México con productos financieros como planes de ahorros, seguro de gastos médicos mayores y seguros de vida, actualmente es socio fundadora y Gerente General de la empresa AVANT LIFE enfocado en asesoría patrimonial.

Publicado por Jorge Romero y Fernanda Rivas, Primera edición (Julio, 2020)

ISBN-13: 979-8665948775

Prólogo

Durante mi carrera como asesora financiera me he encontrado con muchos clientes potenciales o prospectos que no pueden abrir un plan de ahorro a mediano o largo plazo (i.e. retiro, educación de sus hijos, etc.), porque se encuentran en una situación financiera adversa lo cual no permite cumplir sus objetivos financieros.

Debido a esta situación durante una comida con mi esposo Jorge le comenté que sería bueno hacer un *Manual de Finanzas Personales* para poder generar conciencia y ayudar a una mayor cantidad de personas dentro y fuera de México de la importancia de poder ahorrar desde temprana edad.

Este *Manual de Finanzas Personales* lo realizamos con el objetivo de proveer un marco de referencia sencillo que pueda ayudar a cualquier individuo, sin importar el nivel de escolaridad para poder entender los conceptos más importantes cómo lo son el ahorro y hacer un presupuesto que seas capaz de cumplir para lograr tus objetivos personales o familiares.

Al final de la lectura del libro las expectativas son que tengas:

    a) Nociones básicas de Finanzas Personales.
    b) Estatus Actual de tu Situación Financiera Individual o Familiar.
    c) Desarrollar un plan alineado a tu Estatus Actual y tus Objetivos Financieros.
    d) Puedas acceder a lecturas más especializadas en el ámbito de Finanzas Personales.

El mayor logro en el camino de las Finanzas Personales es tener un AHORRO suficiente que te permita salir adelante ante las situaciones adversas que nos puede brindar la vida, y te permita enfocarte en los individuos impactados, sin tener una presión monetaria.

Sinceramente,
Fernanda Rivas

Capítulo 1: Mis gastos

Las *Finanzas Personales* se define como "todo lo que haces para gestionar tu dinero y ahorrar e invertir. Cubre presupuesto, bancos, seguros, créditos hipotecarios, inversiones, planeación de retiro, planeación de impuestos y planeación de fallecimiento."[1]

"La *Salud Financiera* es un término utilizado para describir el estado de los asuntos monetarios personales. La salud financiera tiene muchas dimensiones, incluyendo la cantidad de ahorros que se tenga, cuando se está ahorrando para la jubilación y cuanto de sus ingresos estas efectuando en gastos fijos o no-discrecionales." [2]

Básicamente son todas las **decisiones** que hacemos con nuestro dinero, desde la actividad económica que desempeñamos para generar un ingreso, hasta la casa donde vivimos donde inicia nuestro principal gasto o erogación.

Los gastos son las *micro decisiones* que tomamos día a día donde erogamos o gastamos nuestros ingresos, a través de diferentes maneras, ya sea efectivo, tarjetas de vales, tarjetas de crédito y hasta algún canje entre productos y/o servicios.

Los principales gastos en México son:
a) Pago de vivienda (i.e. Renta, Crédito Hipotecario, mantenimiento del hogar, etc.).
b) Pago de servicios (i.e. Agua, Luz, Gas, Internet o Teléfono, etc.).
c) Pago de impuestos (i.e. IVA, ISR, Predial, Refrendo o Tenencia, etc.).
d) Pago de comida (i.e. Proteínas, Frutas, Verduras, etc.)
e) Pago de transportación (I.e. Gasolina, Crédito Automotriz, Pasaje de servicio público, etc.)

---

[1] Will Kenton, *Personal Finance*, 15 de july de 2018, Investopedia, desde https://www.investopedia.com/terms/p/personalfinance.asp .

[2] Julia Kagan, *Financial Health*, 14 de january de 2020, Investopedia, desde https://www.investopedia.com/terms/f/financial-health.asp?utm_source=term-of-the-day&utm_campaign=www.investopedia.com&utm_term=20026339&utm_medium=email .

f) Pago de escuelas (i.e. material, inscripción, mensualidad, etc.).
g) Pago de salud (i.e. Honorarios médicos, medicinas, etc.).
h) Pagos de seguros (i.e. vivienda, automotrices, gastos médicos mayores)
i) Pagos de servicios financieros (i.e. Anualidades de tarjetas de crédito, intereses por cobro de interés de tarjeta de crédito, etc.)
j) Pago de esparcimiento físico (i.e. gimnasios, clubs, etc.)
k) Pago de diversión (i.e. restaurantes, bares, antros, etc.)

Al estar revisando este listado de categorías de gastos uno se puede dar cuenta que rápidamente se puede sobrepasar cualquier ingreso individual o familiar, y si no tenemos la capacidad de decidir en que se va a gastar alineado a los objetivos individuales o de pareja, es fácil caer en endeudamiento.

El **endeudamiento** de los consumidores es una de las claves del éxito del sistema financiero global, ya que les permite a través de las tasas de interés cobrar rendimientos del capital que te prestan, y en el lado opuesto este **sobrendeudamiento** es la causa del colapso de tus finanzas personales, y por ende tu felicidad individual o familiar.

Existen muchas personas exitosas en finanzas personales que sin ningún tipo de lectura, curso o entrenamiento formal saben que **no deben de gastar más de lo que ganan**, y llegan al final del mes con un flujo positivo de dinero en la cartera, la mayor parte de esas personas lo hacen manejando únicamente efectivo, ya que esto facilita el no utilizar productos financieros como por ejemplo las tarjetas de crédito.

Durante el último año, **al 42.5% de los mexicanos no le alcanzó el dinero para cubrir el total de sus gastos con sus ingresos,** según datos de la Encuesta Nacional de Inclusión Financiera del Instituto Nacional de Estadística y Geografía (INEGI).[3]

---

[3] Notimex, *Mexicanos, con problemas de pago por falta de control financiero: Citibanamex | El Economista,* 2020, desde https://www.eleconomista.com.mx/finanzaspersonales/Mexicanos-con-problemas-de-pago-por-falta-de-control-financiero-Citibanamex-20200216-0030.html .

Los famosos gastos hormiga según la Comisión Nacional para la Protección y Defensa de los Usuarios de Servicios Financieros (Condusef) en México pueden tener un efecto perjudicial en tus finanzas personales[4], ya que regularmente no son parte de tu PRESUPUESTO (El concepto lo revisaremos en el Capítulo 5: MI tranquilidad) y te reduce tu capacidad de ahorro.

De acuerdo a un artículo publicado por El Economista[5] en México **sólo 35% de las personas lleva un PRESUPUESTO** y 58% de ellos lo hace mentalmente, esto hace que cualquier gasto que esté fuera de lo normal suponga un contratiempo importante.

Existen los gastos hormiga tradicionales (i.e. café, desayuno, refresco, cigarros, etc.) y los gastos hormiga digitales (i.e Spotify, NetFlix, DiDi, UberEats, etc.)

Algunos consejos para evitarlos son:

- Prepara tu desayuno y café en la mañana antes de salir a la trabajar, y así evitas comprar en la calle, al final de la semana revisa tu ahorro.
- Las aplicaciones (i.e. Spotify, UberEats) que no estés utilizando constantemente quita la subscripción o la tentación de usarlas, y reduce así este costo fijo de tus gastos.

---

[4] Eduardo Rodríguez, *Los gastos hormiga podrían afectar tus finanzas personales*, 2 de january de 2020, el Contribuyente, desde https://www.elcontribuyente.mx/2020/01/los-gastos-hormiga-podrian-afectar-tus-finanzas-personales/ .

[5] Notimex, *op. cit.*

Actividad #1. Hacer tu listado de categoría de gastos con promedio mensual, por ejemplo:

Tabla 1: Listado de Gastos.

Categoría de Gastos	Promedio de gastos (MxN)
I. Vivienda	
II. Servicios	
III. Impuestos	
IV. Comida	
V. Transportación	
Total de Gastos	

Nota: Los gastos anuales (i.e. impuestos) se dividen entre (12) para poderlo mensualizar.

Tabla 2: Ejemplo de llenado de Listado de Gastos.

Categoría de Gastos	Promedio de gastos (MxN)
I. Vivienda	$5,000
II. Servicios	$1,000
III. Impuestos	$250
IV. Comida	$2,500
V. Transportación	$3,500
Total de Gastos	**$12,250**

Ya que hayas terminado de clasificar tus gastos con su promedio mensual es importante identificar cuáles son los más importantes o aquellos que representan casi el 80% del total de nuestros egresos (el principio de Pareto), por ejemplo:

Tabla 3: Ejemplo de llenado de Tabla de Gastos con % de promedio de gastos.

Categoría de Gastos		Promedio de gastos (MxN)	% de Promedio de Gastos
I.	**Vivienda**	$5,000	40%
II.	**Transportación**	$3,500	28%
III.	**Comida**	$2,500	20%
IV.	**Servicios**	$1,000	8%
V.	**Impuestos**	$250	
Total de Gastos		$12,250	

Los puntos clave de mi Salud Financiera[6] son:

- El estado y la estabilidad de las finanzas personales y los asuntos financieros de un individuo se denominan salud financiera.

- Los signos típicos de una buena salud financiera incluyen un flujo constante de ingresos, cambios raros en los gastos, fuertes retornos de las inversiones y un saldo de efectivo que está creciendo.

- Para mejorar su salud financiera, debe evaluar su patrimonio neto actual, crear un presupuesto que pueda cumplir, crear un fondo de emergencia y pagar sus deudas.

---

[6] Julia Kagan, *op. cit.*

Capítulo 2. Mis ingresos

Los **ingresos** se definen como el dinero (o su equivalente en valor) que un individuo o negocio recibe, usualmente como un intercambio por proveer un bien o servicio a través de inversiones de capital. Para los individuos el ingreso más comúnmente recibido en la forma de sueldos y salarios.

De acuerdo al libro Thomas J. Stanley "El millonario de la puerta de a lado" en su investigación encontró que la mayoría de los ricos que empezaron desde abajo manejaban coches seminuevos y vivían en una vivienda de precio promedio, también encontró que aquellos que manejaban carros de lujo y usaban ropa más cara actualmente crecían en su deuda y la realidad que su estilo de vida no podía solventar sus ingresos.[7]

Por lo tanto, *el primero paso es no gastarte todos tus ingresos*[8] y poder empezar a vivir con un 90% y ser capaz de ahorrar el 10%, inclusive el poder deducir automáticamente este ingreso ya sea de tu nómina o algún plan de ahorro es un gran paso para asegurarte que no se te olvida y vas construyendo mes a mes tu patrimonio financiero.

El segundo paso, el aprender a vivir ahora con el 80% o hasta el 60% de nuestros ingresos, y el resto mandarlo a ahorro, en este caso el 20% o el 40% se podría ir a ahorro lo cual te daría una libertad financiera para tus planes o alguna emergencia que te dará tranquilidad y paz mental.

Es importante entender que nuestros ingresos son impactados año con año debido a la inflación, ya que tu dinero no vale lo mismo un año contra el otro debido a cuestiones macroeconómicas que impactan directamente tú bolsillo que también se le conoce como microeconomía.

---

[7] Thomas J. Stanley, *The Millionaire Next Door: The Surprising Secrets of America's Wealthy*, Taylor Trade Publishing, 1996, 8–9, desde https://books.google.com.mx/books?id=DzytDwAAQBAJ&printsec=frontcover&redir_esc=y#v=onepage&q&f=false .

[8] Ashley Eneriz, *7 Financial Lessons to Master by Age 30*, n.d., Investopedia, desde https://www.investopedia.com/articles/investing/092815/6-financial-lessons-master-time-youre-30.asp .

En México por ejemplo la tortilla de maíz es un ingrediente clave de toda la gastronomía mexicana y parte de nuestra dieta semana, y cuando este tiene un incremento impacta significativamente nuestra canasta básica de alimentación, según datos de Milenio[9] en el 2018 el precio por kilogramo de tortilla en la Ciudad de México se encontraba en 12.53 pesos y para el 2019 se ubicó en 13.65 pesos, o un 8.85% de incremento anual.

Otro impacto significativo en México en aspectos de inflación es la tasa de cambio entre el peso mexicano y el dólar americano, ya que según datos obtenidos del Banco Santander de España[10] el 77.6% del Producto Interno Bruto (PIB) de México al año 2018 viene del comercio exterior, y casi el 80% del total es con Estados Unidos de Norteamérica y Canadá.

Con respecto a importación el 46.6% de los bienes proveen de Estados Unidos de Norteamérica y el 18% de China[11], y como el comercio exterior sigue el dólar americano la moneda de intercambio cualquier fluctuación entre el peso mexicano y el dólar americano nos genera un impacto significativo en nuestras finanzas personales.

Por lo tanto, sino ajustamos el factor de la inflación en nuestro PRESUPUESTO al final cada año especialmente cuando no suben nuestros ingresos (i.e sin aumento de sueldo) pueden impactar negativamente nuestros objetivos de AHORRO y generar DEUDA.

---

[9] Eduardo de la Rosa, *Tortilla sube de precio y llega a 20 pesos por kilo*, 2020, desde https://www.milenio.com/negocios/tortilla-sube-precio-llega-20-pesos-kilo .

[10] *Cifras del comercio exterior en México - Santandertrade.com*, n.d., desde https://santandertrade.com/es/portal/analizar-mercados/mexico/cifras-comercio-exterior .

[11] *Ibid.*

Actividad #2. Hacer tu listado de categoría de ingresos como promedio mensual.

Tabla 4: Listado de ingresos.

Categoría de Ingresos	Promedio de ingresos (MxN)
a) Sueldos y Salarios	
b) Ventas de artículos de la casa	
c) Otros ingresos	
Total de Ingresos	

Tabla 5: Ejemplo de Listado de Ingresos.

Categoría de Ingresos	Promedio de ingresos (MxN)
a) Sueldos y Salarios	$12,000
b) Ventas de artículos de la casa	$1,000
c) Otros ingresos	$2,000
Total de Ingresos	**$15,000**

Capítulo 3: Mis ahorros

Los ahorros se definen de acuerdo con la economía Keynesiana "son los que una persona tiene disponible, cuando el costo de su gasto de consumo se resta el total del ingreso disponible obtenido en un periodo de tiempo determinado.

Para aquellos que son *financieramente prudentes,* la cantidad de dinero después de que se hayan cubierto los gastos personales y tienes un flujo positivo; para aquellos que tienden a depender del crédito y de los préstamos para llegar a fin de mes, regularmente no hay dinero disponible para ahorrar."[12]

El **ahorro** es una cantidad que tienes que separar de tus ingresos, se puede dividir en diferentes conceptos, ahorro para proyectos a corto, mediano y largo plazo, los expertos aconsejan ahorrar desde el primer ingreso monetaria que tenemos en nuestra vida laboral, de ser posible el 10% del total de nuestro ingreso, ya que cuanto más nos tardemos en generar este hábito de ahorro el porcentaje debe de ser mayor para podernos retirar dignamente.

En México a partir de 1997 se implementó una reforma pensionaria con las denominadas AFORES donde según la Ley del Seguro social vigente se contribuye 6.5% de tu sueldo mensual a tu subcuenta de Retiro, Cesantía en Edad Avanzada y Vejez (RCV).

Por lo tanto, si tu sueldo mensual es de $10,000 el ahorro mensual para tu retiro para tu AFORE en México será únicamente de $650 pesos al mes, para un análisis de tu situación actual te recomiendo la calculadora del retiro de la CONSAR[13] disponible en:
https://www.consar.gob.mx/gobmx/Aplicativo/calculadora/imss/CalculadoraIMSS.aspx.

---

[12] Julia Kagen, *Savings*, 8 de january de 2018, Investopedia, desde https://www.investopedia.com/terms/s/savings.asp .

[13] Gobierno de México, *Calculadora IMSS*, n.d., desde https://www.consar.gob.mx/gobmx/Aplicativo/calculadora/imss/CalculadoraIMSS.aspx .

La Tasa de Reemplazo (tr) de un trabajador retirado es el sueldo mensual obtenido con respecto a su último sueldo devengado antes de la jubilación. Por ejemplo, si mi último sueldo fue de $10,000 pesos al mes y me retiro con $5,000 pesos al mes de mi dinero ahorrado, mi tasa de reemplazo sería del 50%.

Tasa de Reemplazo (tr) = Pensión mensual estimada/salario * 100

Algunos análisis elaborados por la Organización para la Cooperación y el Desarrollo Económicos (OCDE) señalan que una tasa de reemplazo adecuada es de 70 por ciento, sin embargo, según datos del financiero en el 2014 la tasa de reemplazo promedio en México apenas se ubica en 42 por ciento[14].

Por lo tanto, para poder obtener un retiro digno la única opción es el ahorro voluntario, por lo que se puede buscar aportaciones voluntarias a tu AFORE o a través de una empresa especializada (i.e. Allianz, Sura, GNP, SMNYL, etc.) donde puedas aportar un plan privado de pensiones.

Para las personas que no tienen el hábito de ahorro el consejo es empezar los primeros 12 meses con una cantidad que sea fácil de mantener y cada año ir aumentando la cantidad hasta llegar a un objetivo real de ahorro para logar tus objetivos de corto, mediano y largo plazo.

Existen diferentes mecanismos para que tú puedas ahorrar y no tengas la tentación de gastarte el dinero al tenerlo disponible, por ejemplo en cajas de ahorro, en una cuenta bancaria, etc.

---

[14] Antonio Sandoval, *¿Qué tasa de reemplazo pretende para su retiro?*, 2014, El Financiero, desde https://www.elfinanciero.com.mx/mercados/dinero/que-tasa-de-reemplazo-pretende-para-su-retiro .

Actividad #3. Hacer tu listado de categoría de ahorro como promedio mensual.

Tabla 6: Proyección de Ahorro.

Categoría de Ahorro	Promedio de ingresos (MxN)
a) Fondo para el Retiro - AFORE	
b) Caja de Ahorro	
c) Otros ahorros	
Total de Ahorro	

Tabla 7: Ejemplo de llenado de Proyección de Ahorro.

Categoría de Ahorro	Promedio de ingresos (MxN)
a) Fondo para el Retiro - AFORE	$500
b) Caja de Ahorro	$500
c) Otros ahorros	$500
Total de Ahorro	**$1,500**

Capítulo 4: Mi flujo de efectivo

El Flujo de Efectivo se le conoce como *la capacidad de respirar* en el ámbito financiero para una organización, y sin duda aplica para uno como individuo ya que cuando llegamos a final de mes con dinero en la cartera nos da la tranquilidad de afrontar con un poco más certeza el próximo mes.

Sin embargo, cuando tenemos que pedir dinero prestado para afrontar nuestras deudas inmediatas genera un estrés innecesario para nosotros y en caso de estar en una relación sentimental con nuestra pareja.

Según El Economista para determinar nuestro flujo de efectivo, debemos comprender cuáles son nuestros patrones de consumo, qué cosas son importantes y a partir de ahí tomar decisiones, ya que las deudas comprometen nuestro flujo de efectivo futuro.[15]

Actividad #4. Hacer tu flujo de efectivo con la información de las actividades 1-3.

Tabla 8: Flujo de Efectivo.

Categoría	Signo	Cantidad (MxN)
Mis Ingresos (Actividad 2)	+	
Mis gastos (Actividad 1)	-	
Mis ahorros (Actividad 3)	-	
Mi Flujo de Efectivo al final del mes	+ o -	

Flujo de Efectivo = Mis ingresos – Mis gastos – mis ahorros

Tabla 9: Ejemplo de llenado de Flujo de Efectivo positivo.

Categoría	Signo	Cantidad (MxN)
Mis Ingresos (Actividad 2)	+	$15,000
Mis gastos (Actividad 1)	-	$12,250
Mis ahorros (Actividad 3)	-	$1,500
Mi Flujo de Efectivo al final del mes	+	$1,250

---

[15] Joan Lanzagorta, *Tu flujo de efectivo es clave para tus finanzas personales*, 2016, El Economista, desde https://www.eleconomista.com.mx/finanzaspersonales/Tu-flujo-de-efectivo-es-clave-para-tus-finanzas-personales-20160926-0074.html .

Por ejemplo, para este ejemplo del libro tenemos un flujo positivo de $1,250 pesos al final de mes donde ya podemos decidir preferiblemente mandarlo al ahorro o decidir discrecionalmente gastarlo en algún bien o servicio que nos brinde un satisfactor relevante.

Sin embargo, que pasaría si mis gastos se incrementaran en un 20% (i.e. inflación impactando servicios como luz y gas, canasta básica, etc.) y no subieran mis ingresos rápidamente puedo tener un flujo negativo al final del mes de $1,200 pesos que tendría que pedir dinero a un conocido o familiar o endeudarme con la tarjeta de crédito.

Tabla 10: Ejemplo de llenado de Flujo de Efectivo negativo.

Categoría	Signo	Cantidad (MxN)
Mis Ingresos (Actividad 2)	+	$15,000
Mis gastos (Actividad 1)	-	$14,700
Mis ahorros (Actividad 3)	-	$1,500
Mi Flujo de Efectivo al final del mes	-	$1,200

Es por eso por lo que el flujo de efectivo personal es muy importante, ya que al final del día es lo que nos queda en la cuenta en la cartera, abajo del colchón o en la cuenta del banco al final del mes, las personas más exitosas en gestión de finanzas personales son aquellas que mejor saben gestionar su flujo de gastos vs. sus ingresos.

Esto quiere decir que van al final del mes regularmente van a tener dinero excedente que pueden mandar para ahorrar a su FONDO DE SUPERVIVENCIA (lo discutiremos a detalle en el Capítulo 5: MI tranquilidad) y así estar mejor preparado para cualquier contingencia (i.e. enfermedad, accidente peatonal o automovilístico, descompostura del hogar, etc.).

Capítulo 5: Mi tranquilidad

MI libertad financiera en dos pasos:
1. Nunca gastes más dinero del que ganas.
2. Nunca dejes de ahorrar.

La clave de las finanzas personales es AHORRAR sin importar los ingresos, ya que esto nos ayuda a tener la flexibilidad de poder resolver o solucionar cualquier imprevisto en la vida (i.e. enfermedad, pérdida de ingresos, etc.), el único pretexto que es "permitido" es que sea la diferencia entre poderte alimentar.

La cultura del AHORRO más que del rendimiento es la primera parte de poder tener unas sanas FINANZAS PERSONALES, ya que, al tener dinero disponible en alguna cuenta bancaria, caja de ahorro, fondo de inversión, criptomonedas, etc.

Al momento que tenemos algún gasto que no sea fijo podamos pagarlo sin tener que endeudarnos con una tarjeta de crédito bancaria, préstamos personales, etc.

Una vez que ya dominamos el AHORRO podemos pasar a los conceptos de rendimientos anuales, comisiones por invertir, etc. Y así poder determinar donde tiene más sentido invertir nuestro dinero para generar una mayor riqueza y bienestar, por ejemplo, fondos de inversión, índices de bolsas, criptomonedas, etc.

Un AHORRO constante nos ayuda a establecer el FONDO DE EMERGENCIA, que personalmente le cambiaría el nombre a FONDO DE SUPERVIVENCIA, ya que al denominarlo de emergencia no lo establecemos como prioridad en nuestra vida diaria, y al no tenerlo realmente nos genera un impacto en nuestra supervivencia y bienestar ya sea personal o familiar.

El FONDO DE SUPERVIVENCIA nos ayudará a no estar pagando altas tasas de intereses a préstamos bancarios o prestamistas (mejor conocidos como agiotistas), mejorando nuestro historial crediticio y al final del año tener más dinero disponible para poderlo utilizar para nuestros planes personales como puede ser una inversión en un carro, una vivienda, un viaje con la familia o simplemente reinvertirlo para el próximo año.

"Los agiotistas, como se les conoce popularmente a los prestamistas informales, son personas a las que se acude para solicitar dinero de manera ágil y sin mayores trámites. Sin embargo, lejos de ser una buena opción, este tipo de préstamos, que en ocasiones son estafas, **se caracterizan por sus elevados intereses y porque sus prestamistas recurren a la violencia para recuperar el dinero de sus prestatarios en caso de demoras.**"[16]

El AHORRO tiene que ser visto como un GASTO, ya que, si lo vemos como simplemente un dinero que VOLUNTARIAMENTE estamos separando para un objetivo sin determinar, lo más probable que en la primera oportunidad que tengamos (i.e. compras de ropa, electrónicos, viaje, etc.) vamos a eliminarlo por completo de la disciplina diaria de nuestras vidas.

Si el AHORRO lo vemos como un GASTO, y decimos que es la mensualidad que estamos pagando de una casa, automóvil o en México los meses sin intereses, no tendremos la opción de eliminarlo de nuestra planeación financiera, y una vez establecido mientras más tiempo pase, una mayor cantidad de dinero tendremos ahorrada para poderla utilizar con base a los **OBJETIVOS FINANCIEROS PERSONALES**.

Según la publicación del Banco Interamericano de Desarrollo (IDB)[17] en el Reino Unido han establecido un programa de ahorro "voluntario automático" llamado NEST (National Employment SavingsTrust) que te permita ahorrar adicionalmente para tu retiro, y de 9 millones de trabajadores inscritos únicamente se ha decidido salir únicamente el 8%.

Una vez que ya tengamos establecido nuestro FONDO DE SUPERIVENCIA debemos invertirlo en un instrumento financiero que nos genere RENDIMIENTOS, como pueden ser fondos de Gobierno (i.e. México –

---

[16] Mis Finanzas En Casa, "Los riesgos de pedir prestado dinero a un agiotista o a un 'gota a gota,'" *Mis Finanzas para Invertir*, 2 de may de 2017, desde https://www.misfinanzasparainvertir.com/los-riesgos-de-pedir-prestado-dinero-un-agiotista-o-un-gota-gota/ .

[17] Azuara et. al, *Diagnóstico del sistema de pensiones mexicano y opciones para reformarlo | Publications*, 2019, desde https://publications.iadb.org/publications/spanish/document/Diagn%C3%B3stico_d el_sistema_de_pensiones_mexicano_y_opciones_para_reformarlo_es_es.pdf .

CETES directo), casas de bolsa (i.e. México – Actinver), fondos de inversión (i.e. México - Allianz), o alguna caja de ahorro de tu organización.

Podríamos **resumir estos pasos** para mejorar tus FINANZAS personales:
1. Establecer el AHORRO como un GASTO.
2. Iniciar a GASTAR en el AHORRO de manera mensual.
3. Invertir el FONDO DE SUPERVIVENCIA en algún instrumento financiero que nos genere RENDIMIENTOS.
4. No utilizar el FONDO DE SUPERVIVENCIA a menos que sea necesario para pagar gastos extraordinarios, tarjetas de crédito, etc.

Actualmente existen los *asesores financieros* que te pueden ayudar a seleccionar un **plan de ahorro** con base a tus objetivos para que obtengas buenos rendimientos financieros, sin necesidad de estar monitoreando constantemente, es importante no confundir con seguros de vida que generan protección ante un imprevisto en caso de un fallecimiento, y que sus niveles de rendimiento son casi nulos, por lo que infórmate bien antes de tomar una decisión final.

Para poder controlar los gastos extraordinarios, es importante:
1. Nunca comprar en el momento, aunque sea una gran oferta, por lo menos espera 24 horas antes de tomar la decisión final de un producto o servicio.
2. Comparar por lo menos otros 3 proveedores, para validar si el costo es el adecuado.
3. Establecer preguntas de control personales, ya que nos ayudan a discernir si efectivamente es necesario, por ejemplo:
   a. ¿Realmente lo necesito?
   b. ¿Cuál es la frecuencia que lo voy a utilizar?
   c. ¿El gasto está dentro de mi presupuesto anual?
   d. ¿Dónde lo voy a guardar?
   e. ¿Qué pasaría si no lo compro?

PRESUPUESTO

Para poder establecer nuestro FONDO DE SUPERVIVENCIA es importante el hacer un presupuesto anual el cual tome en consideración nuestros ingresos y egresos, por ejemplo:

INGRESOS
1. Sueldos y salarios.
2. Honorarios asimilados a sueldos.
3. Comisiones de ventas.
4. Reparto de Utilidades.
5. Arrendamiento.
6. Rendimientos financieros.

EGRESOS
1. Ahorro para el FONDO DE SUPERVIVENCIA.
2. Renta o hipoteca de tu vivienda.
3. Gastos de servicios básicos (i.e. Luz, Agua, Internet, etc.).
4. Gastos de matrícula de escuelas.
5. Mantenimiento de tú vivienda.
6. Gastos de transportación (i.e. transporte público, gasolina, etc.)
7. Gastos de alimentación.
8. Pagos de tarjetas de crédito (i.e. meses sin intereses).

Es MUY IMPORTANTE que nuestros EGRESOS o GASTOS **nunca superen nuestros INGRESOS**, ya que de ser así nos vamos a endeudar con una institución financiera, la cual tiene un costo financiero muy alto, por ejemplo, según datos del Banco de México las tarjetas de crédito tienen un costo promedio anual del 35.9%[18] lo que quiere decir que por cada $1,000 pesos que nos presten tenemos que pagar $359 al final del año sin contar el 16% del IVA por el interés que nos daría $417 y así es como se obtiene el costo anual total (CAT) que este ejemplo sería del 41.7%.

El costo anual total (CAT) es muy importante para analizar un producto en el sistema financiero mexicano, ya que cómo por ejemplo cuando obtenemos un crédito hipotecario nos agregan gastos de administración,

---

[18] Banco de México, "Indicadores Básicos de Tarjetas de Crédito," Banco de México, june de 2019, 9, desde https://www.banxico.org.mx/publicaciones-y-prensa/rib-tarjetas-de-credito/%7B1F51BE6A-0A37-6043-8FEB-0B57D9CDC0E8%7D.pdf .

seguros de vida y daño de manera mensual que incrementa substancialmente nuestros pagos mensuales y por ende el costo anual total (CAT).

Digamos que estamos planeando nuestras FINANZAS PERSONALES para el siguiente año calendario, al final de nuestro análisis nos damos cuenta que de manera mensual tenemos INGRESOS por $100 pesos y EGRESOS por $120 pesos, esto quiere decir que para el próximo año calendario tenemos un 20% más de gasto sobre nuestros INGRESOS, si no hacemos ajuste a nuestros gastos, o simplemente no podemos al final de año tendremos una deuda $240 pesos, sin contar con el costo financiero o los intereses que tendremos que pagar por la deuda.

Si esta tendencia se mantiene por los próximos 5 años, tendrías una deuda total por $1,200 pesos sin tomar en cuenta los gastos financieros, suponiendo que tus INGRESOS se mantienen constantes durante estos 5 años, ya tendrías una deuda equivalente a 1 año de tus INGRESOS o percepciones.

Si tomamos en cuenta que esta deuda a 5 años es financiada por una institución financiera (i.e. Banco) que capitaliza de manera mensual los intereses, y no se aportó ningún abono a capital durante este periodo, y el promedio de interés mensual es del 4%, tu deuda al final del ejercicio ascendería a $4,950 pesos (x4 veces más que sin interés), y con el mismo supuesto que tus INGRESOS se mantienen constantes durante este periodo, ya tendrías una **deuda equivalente a más de 4 años de tus INGRESOS o percepciones.**

Por lo tanto, es muy importante asegurar que nuestros EGRESOS o gastos NUNCA superen nuestros INGRESOS o percepciones, ya que de lo contrario generaríamos una bola de nieve que impactaría la sanidad de nuestras FINANZAS PERSONALES y por ende nuestra felicidad personal, ya que el concepto del valor del dinero en el tiempo en deuda vuelve exponencial el impacto.

Lo positivo es que la misma regla del interés compuesto aplica para el ahorro, por lo que, si inicias a ahorrar y obtienes intereses de tus inversiones, aunque no sea en la misma proporción que los intereses bancarios, puedes obtener rendimientos muy interesantes para tu tranquilidad.

Actividad #5. Hacer tu presupuesto con tus ingresos y egresos del mes.

Tabla 11: Proyección de tú Presupuesto.

Categoría de Ingresos (Act. 2)	Proyección de ingresos (MXN)	Ingreso real (MXN)	Delta (MXN)
Sueldos y Salarios			
Ventas de artículos de la casa			
Otros ingresos			
a) Total de Ingresos			
Categoría de Gastos (Act. 1)	**Proyección de gastos (MXN)**	**Gasto real (MXN)**	**Delta (MXN)**
Vivienda			
Servicios			
Impuestos			
Comida			
Transportación			
b) Total de Gastos			
Categoría de Ahorro	**Proyección de ahorro (MXN)**	**Ahorro real (MXN)**	**Delta (MXN)**
Fondo para el Retiro			
Caja de Ahorro			
Otros ahorros			
c) Total de Ahorro			
d) Ahorro o pérdida del presupuesto			

Fórmula de Delta (MXN) = Proyección de ingresos – Ingreso real
Fórmula de ahorro o pérdida del presupuesto = a) Total de ingresos – b) total de gastos – c) total de ahorro

Tabla 12: Ejemplo de llenado de Proyección de tú Presupuesto.

Categoría de Ingresos (Act. 2)	Proyección de ingresos (MXN)	Ingreso real (MXN)	Delta (MXN)
Sueldos y Salarios	$12,000	$12,000	$0
Ventas de artículos de la casa	$1,000	$0	-$1,000
Otros ingresos	$2,000	$1,000	-$1,000
a) Total de Ingresos	**$15,000**	**$13,000**	**-$2,000**
Categoría de Gastos (Act. 1)	**Proyección de gastos (MXN)**	**Gasto real (MXN)**	**Delta (MXN)**
Vivienda	$5,000	$5,000	$0
Servicios	$3,500	$3,000	$500
Impuestos	$2,500	$2,000	$500
Comida	$1,000	$1,500	-$500
Transportación	$250	$500	-$250
b) Total de Gastos	**$12,250**	**$12,000**	**$250**
Categoría de Ahorro	**Proyección de ahorro (MXN)**	**Ahorro real (MXN)**	**Delta (MXN)**
Fondo para el Retiro	$500	$500	0
Caja de Ahorro	$500	0	-$500
Otros ahorros	$500	0	-$500
c) Total de Ahorro	**$1,500**	**$500**	**-$1.000**
d) Ahorro o pérdida del presupuesto	**$1,250**	**$500**	**$750**

Fórmula de Delta (MXN) = Proyección de ingresos – Ingreso real
Fórmula de ahorro o pérdida del presupuesto = a) Total de ingresos – b) total de gastos – c) total de ahorro

Para nuestro ejemplo (Tabla 12) del llenado de un presupuesto, aunque cumplimos con un flujo positivo en nuestro PRESUPUESTO mensual no logramos nuestros OBJETIVOS DE AHORRO, lo que significa que nuestro FONDO DE SUPERVIVENCIA o EMERGENCIA no ha sido incrementado acorde a nuestro plan original.

Capítulo 6: Mi salud financiera

Para poder determinar tú salud financiera vamos a utilizar la información de las actividades realizadas durante el transcurso de la lectura, cabe señalar que la siguiente clasificación es muy básica ya que habría que considerar más variables para realmente obtener tu estatus patrimonial.

Clasificación de salud financiera
   a) **Acción inmediata:** Tus finanzas personales ya muestran un deterioro que de seguir por este camino tienes un alto riesgo de generar un endeudamiento con el cual ponga en riesgo el patrimonio individual o familiar.
   b) **Oportunidades de mejora**: Tus finanzas personales se encuentran estables, sin embargo, si llegas a incrementar tus gastos o reduces tu ahorro con respecto a tus ingresos tienes un alto riesgo de iniciarte ir a un deterioro de tus finanzas personales.
   c) **Camino adecuado:** Tus finanzas personales están en el camino adecuado, tienes que seguir con esta misma disciplina inclusive poder incrementar tu ahorro para tu FONDO DE SUPERVIVENCIA.

Al hacer esta radiografía de tú salud financiera te darás cuenta de cómo te encuentras y te ayude a tomar los primeros pasos para ir mejorando en tus finanzas personales, por ejemplo, si predominante estás en el cuadrante de **oportunidades de mejora** es importante reducir gastos (i.e. comidas fueras de casa) para que te ayude a incrementar el ahorro y así puedas ir transitando al cuadrante del **camino adecuado**.

Actividad #6. Determinar cuál es tu salud financiera actual llenando la tabla.

Tabla 13: Tabla de Salud Financiera.

Categoría	Signo	Cantidad (MXN)	% del Total de Ingresos
Mis gastos (Actividad 1)			(1)
Mis ahorros (Actividad 3)			(2)
Mi Flujo de Efectivo (Actividad 4)			(3)
Mis Ingresos (Actividad 2)			

Fórmulas del % de Total de Ingresos
(1) Mis gastos (Actividad 1) / Mis ingresos (Actividad 2)
(2) Mis ahorros (Actividad 3) / Mis ingresos (Actividad 2)
(3) Mi flujo de efectivo (Actividad 4) / Mis ingresos (Actividad 2)

Por ejemplo, de los ejercicios que hemos realizado vamos poniendo los datos para hacer el análisis de salud financiera.

Tabla 14: Ejemplo de llenado de Salud Financiera.

Categoría	Signo	Cantidad (MXN)	% del Total de Ingresos
Mis gastos (Actividad 1)	-	$12,250	82% (1)
Mis ahorros (Actividad 3)	-	$1,500	10% (2)
Mi Flujo de Efectivo (Actividad 4)	+	$1,250	8% (3)
Mis Ingresos (Actividad 2)	+	$15,000	

Tabla 15: Salud Financiera con Tablero de Calificación.

Categoría	% del Total de Ingresos	Acción Inmediata	Oportunidades de Mejora	Camino adecuado
Mis gastos (Act.1)		>=100%	>80%<100%	<=80%
Mis ahorros (Act. 3)		<=0%	>0%<10%	>=10%
Mi Flujo de Efectivo (Act. 4)		<=0%	>0%<10%	>=10%

Tablero de Salud financiera

- Acción inmediata
  - o Tus gastos son superiores al 100% de tus ingresos.
  - o No estas ahorrando nada cada mes.
  - o Al final del mes llegas con $0 en tu cartera o con deuda.
- Oportunidades de mejora
  - o Tus gastos son entre el 80% y 100% de tus ingresos.
  - o Tu ahorro es menor al 10% de tus ingresos.
  - o Al final del mes llegas con menos del 10% de tus ingresos en tu cartera.
- Camino adecuado
  - o Tus gastos son menores o igual al 80% de tus ingresos.
  - o Tu ahorro es igual o más al 10% de tus ingresos.
  - o Al final del mes llegas con igual o más del 10% de tus ingresos.

Tabla 16: Ejemplo de Salud Financiera con Tablero de Calificación.

Categoría	% del Total de Ingresos	Acción Inmediata	Oportunidades de Mejora	Camino adecuado
Mis gastos (Act.1)	82% (1)	>=100%	>80%<100%	<=80%
Mis ahorros (Act. 3)	10% (2)	<=0%	>0%<10%	>=10%
Mi Flujo de Efectivo (Act. 4)	8% (3)	<=0%	>0%<10%	>=10%

En el ejemplo que hemos trabajado durante el libro podemos concluir que es difícil tener todas las variables de salud financiera en el camino adecuado, sin embargo, nos dice dónde están nuestras áreas de mejora.

¿Cuál es el camino óptimo para salir de mis deudas?[19]

No existe un camino óptimo para todas las personas, cada uno de nosotros tenemos una diferente aversión al riesgo lo que nos brinda una tranquilidad psicológica

- La estrategia "bola de nieve" consiste en eliminar primero la deuda que nos suponga un cargo mensual más pequeño, por ejemplo, un crédito de consumo.
- La estrategia "tsunami", ordena las deudas según la tensión psicológica que nos produzcan de más a menos, por ejemplo, un préstamo personal a un agiotista.
- La estrategia de "los tipos de interés más altos primero" ordena las deudas según el tipo de interés y elimina primero las que pagan una mayor tasa de interés, por ejemplo, pagar tu tarjeta de crédito.
- La estrategia "los intereses a mayor plazo", deudas que nos hagan pagar más intereses a lo largo del tiempo, por ejemplo, un crédito hipotecario.

Al ir reduciendo paulatinamente nuestras deudas podemos ir incrementando nuestro ahorro, una de las claves es nunca gastar más de nuestro PRESUPUESTO MENSUAL de las personas más exitosas que he conocido en el ámbito de finanzas personales, son aquellos que se ajustan al PRESUPUESTO ya que logran sus objetivos de ahorro mes a mes.

Las conclusiones para gestionar tus FINANZAS personales son:
a) Revisar tu estatus de Salud Financiera.
b) Nunca GASTAR más de lo que GANAS.
c) Hacer una estrategia para reducir tus DEUDAS.
d) Aprender a vivir con el 80% de tu INGRESO.
e) Incrementar en cuanto te sea posible el AHORRO.
f) Establecer el AHORRO como un GASTO.
g) Recuerda que el JOVEN de hoy ahorra para tu VEJEZ del mañana.

---

[19] BBVA, "Manual para organizar las finanzas personales | BBVA," *BBVA NOTICIAS*, 30 de june de 2015, desde https://www.bbva.com/es/manual-para-organizar-las-finanzas-personales/ .

Decía Martin Luther King Jr. notable activista por los derechos civiles de los afroamericanos "Da tu primer paso ahora. No importa que no veas el camino completo. Sólo da tu primer paso y el resto del camino irá apareciendo a medida que camines." Por lo tanto, no esperes a mañana para reducir tus GASTOS e iniciar a AHORRAR. ¡Mucha suerte y éxito en tu camino a sanear y tener unas mejores FINANZAS PERSONALES!

Anexo: Resumen de Actividades y Tablas:

Actividad #1. Hacer tu listado de categoría de gastos con promedio mensual, por ejemplo:

Tabla 1: Listado de gastos.

Categoría de Gastos	Promedio de gastos (MXN)
Vivienda	
Servicios	
Impuestos	
Comida	
Transportación	
Total de Gastos	

Nota: Los gastos anuales (i.e. impuestos) se dividen entre (12) para poderlo mensualizar.

Los principales gastos en México son:
   a) Pago de vivienda (i.e. Renta, Crédito Hipotecario, mantenimiento del hogar, etc.).
   b) Pago de servicios (i.e. Agua, Luz, Gas, Internet o Teléfono, etc.).
   c) Pago de impuestos (i.e. IVA, ISR, Predial, Refrendo o Tenencia, etc.).
   d) Pago de comida (i.e. Proteínas, Frutas, Verduras, etc.)
   e) Pago de transportación (I.e. Gasolina, Crédito Automotriz, Pasaje de servicio público, etc.)
   f) Pago de escuelas (i.e. material, inscripción, mensualidad, etc.).
   g) Pago de salud (i.e. Honorarios médicos, medicinas, etc.).
   h) Pagos de seguros (i.e. vivienda, automotrices, gastos médicos mayores)
   i) Pagos de servicios financieros (i.e. Anualidades de tarjetas de crédito, intereses por cobro de interés de tarjeta de crédito, etc.)
   j) Pago de esparcimiento físico (i.e. gimnasios, clubs, etc.)
   k) Pago de diversión (i.e. restaurantes, bares, antros, etc.)

Actividad #2. Hacer tu listado de categoría de ingresos como promedio mensual.

Tabla 4: Listado de ingresos.

Categoría de Ingresos	Promedio de ingresos (MXN)
Sueldos y Salarios	
Ventas de artículos de la casa	
Otros ingresos	
Total de Ingresos	

Actividad #3. Hacer tu listado de categoría de ahorro como promedio mensual.

Tabla 6: Proyección de Ahorro.

Categoría de Ahorro	Promedio de ingresos (MXN)
Fondo para el Retiro - AFORE	
Caja de Ahorro	
Otros ahorros	
Total de Ahorro	

Actividad #4. Hacer tu flujo de efectivo con la información de las actividades 1-3.

Tabla 8: Flujo de Efectivo.

Categoría	Signo	Cantidad (MXN)
Mis Ingresos (Actividad 2)	+	
Mis gastos (Actividad 1)	-	
Mis ahorros (Actividad 3)	-	
Mi Flujo de Efectivo al final del mes	+ o -	

Flujo de Efectivo = Mis ingresos – Mis gastos – mis ahorros

Actividad #5. Hacer tu presupuesto mensual.

Tabla 11: Proyección de tú Presupuesto.

Categoría de Ingresos (Act. 2)	Proyección de ingresos (MXN)	Ingreso real (MXN)	Delta (MXN)
Sueldos y Salarios			
Ventas de artículos de la casa			
Otros ingresos			
a) Total de Ingresos			
Categoría de Gastos (Act. 1)	**Proyección de gastos (MXN)**	**Gasto real (MXN)**	**Delta (MXN)**
Vivienda			
Servicios			
Impuestos			
Comida			
Transportación			
b) Total de Gastos			
Categoría de Ahorro	**Proyección de ahorro (MXN)**	**Ahorro real (MXN)**	**Delta (MXN)**
Fondo para el Retiro			
Caja de Ahorro			
Otros ahorros			
c) Total de Ahorro			
d) Ahorro o pérdida del presupuesto			

Fórmula de Delta (MXN) = Proyección de ingresos – Ingreso real
Fórmula de ahorro o pérdida del presupuesto = a) Total de ingresos – b) total de gastos – c) total de ahorro

Actividad #6. Determinar cuál es tu salud financiera actual llenando la tabla.

Tabla 13: Salud Financiera.

Categoría	Signo	Cantidad (MXN)	% del Total de Ingresos
Mis gastos (Actividad 1)			(1)
Mis ahorros (Actividad 3)			(2)
Mi Flujo de Efectivo (Actividad 4)			(3)
Mis Ingresos (Actividad 2)			

Fórmulas del % de Total de Ingresos
(1) Mis gastos (Actividad 1) / Mis ingresos (Actividad 2)
(2) Mis ahorros (Actividad 3) / Mis ingresos (Actividad 2)
(3) Mi flujo de efectivo (Actividad 4) / Mis ingresos (Actividad 2)

Tabla 15: Salud Financiera con Tablero de Calificación.

Categoría	% del Total de Ingresos	Acción Inmediata	Oportunidades de Mejora	Camino adecuado
Mis gastos (Act.1)		>=100%	>80%<100%	<=80%
Mis ahorros (Act. 3)		<=0%	>0%<10%	>=10%
Mi Flujo de Efectivo (Act. 4)		<=0%	>0%<10%	>=10%

Tablero de Salud financiera
- Acción inmediata
  - Tus gastos son superiores al 100% de tus ingresos.
  - No estas ahorrando nada cada mes.
  - Al final del mes llegas con $0 en tu cartera o con deuda.
- Oportunidades de mejora
  - Tus gastos son entre el 80% y 100% de tus ingresos.
  - Tu ahorro es menor al 10% de tus ingresos.
  - Al final del mes llegas con menos del 10% de tus ingresos en tu cartera.
- Camino adecuado
  - Tus gastos son menores o igual al 80% de tus ingresos.
  - Tu ahorro es igual o más al 10% de tus ingresos.
  - Al final del mes llegas con igual o más del 10% de tus ingresos.

Bibliografía:

Antonio Sandoval, *¿Qué tasa de reemplazo pretende para su retiro?*, 2014, El Financiero, desde https://www.elfinanciero.com.mx/mercados/dinero/que-tasa-de-reemplazo-pretende-para-su-retiro .

Azuara et. al, *Diagnóstico del sistema de pensiones mexicano y opciones para reformarlo | Publications*, 2019, desde https://publications.iadb.org/publications/spanish/document/Diagn%C3%B3stico_del_sistema_de_pensiones_mexicano_y_opciones_para_reformarlo_es_es.pdf .

Banco de México, "Indicadores Básicos de Tarjetas de Crédito," Banco de México, june de 2019, desde https://www.banxico.org.mx/publicaciones-y-prensa/rib-tarjetas-de-credito/%7B1F51BE6A-0A37-6043-8FEB-0B57D9CDC0E8%7D.pdf .

BBVA, "Manual para organizar las finanzas personales | BBVA," *BBVA NOTICIAS*, 30 de june de 2015, desde https://www.bbva.com/es/manual-para-organizar-las-finanzas-personales/ .

Casa, Mis Finanzas En, "Los riesgos de pedir prestado dinero a un agiotista o a un 'gota a gota,'" *Mis Finanzas para Invertir*, 2 de may de 2017, desde https://www.misfinanzasparainvertir.com/los-riesgos-de-pedir-prestado-dinero-un-agiotista-o-un-gota-gota/ .

Cifras del comercio exterior en México - Santandertrade.com, n.d., desde https://santandertrade.com/es/portal/analizar-mercados/mexico/cifras-comercio-exterior .

Eduardo de la Rosa, *Tortilla sube de precio y llega a 20 pesos por kilo*, 2020, desde https://www.milenio.com/negocios/tortilla-sube-precio-llega-20-pesos-kilo .

Eduardo Rodríguez, *Los gastos hormiga podrían afectar tus finanzas personales*, 2 de january de 2020, el Contribuyente, desde https://www.elcontribuyente.mx/2020/01/los-gastos-hormiga-podrian-afectar-tus-finanzas-personales/ .

Eneriz, Ashley, *7 Financial Lessons to Master by Age 30*, n.d., Investopedia, desde https://www.investopedia.com/articles/investing/092815/6-financial-lessons-master-time-youre-30.asp .

Gobierno de México, *Calculadora IMSS*, n.d., desde
https://www.consar.gob.mx/gobmx/Aplicativo/calculadora/imss/
CalculadoraIMSS.aspx .

Julia Kagan, *Financial Health*, 14 de january de 2020, Investopedia, desde
https://www.investopedia.com/terms/f/financial-
health.asp?utm_source=term-of-the-
day&utm_campaign=www.investopedia.com&utm_term=200263
39&utm_medium=email .

Kagen, Julia, *Savings*, 8 de january de 2018, Investopedia, desde
https://www.investopedia.com/terms/s/savings.asp .

Kenton, Will, *Personal Finance*, 15 de july de 2018, Investopedia, desde
https://www.investopedia.com/terms/p/personalfinance.asp .

Lanzagorta, Joan, *Tu flujo de efectivo es clave para tus finanzas
personales*, 2016, El Economista, desde
https://www.eleconomista.com.mx/finanzaspersonales/Tu-flujo-
de-efectivo-es-clave-para-tus-finanzas-personales-20160926-
0074.html .

Notimex, *Mexicanos, con problemas de pago por falta de control
financiero: Citibanamex | El Economista*, 2020, desde
https://www.eleconomista.com.mx/finanzaspersonales/Mexican
os-con-problemas-de-pago-por-falta-de-control-financiero-
Citibanamex-20200216-0030.html .

Thomas J. Stanley, *The Millionaire Next Door: The Surprising Secrets of
America's Wealthy*, Taylor Trade Publishing, 1996, desde
https://books.google.com.mx/books?id=DzytDwAAQBAJ&printsec
=frontcover&redir_esc=y#v=onepage&q&f=false .